PRÉCIS

Des Faits qui justifient les justes réclamations du sieur Jean-Baptiste-Pierre de RANCY, Français, natif de Bordeaux, département de la Gironde,

Pour obtenir de S. M. C. le Roi d'Espagne, la restitution ou la remise de ses Biens, en exécution des Traités conclus entre la France et l'Espagne, en juillet 1814, et avril 1818.

~~~~~~~~~~~~~~~~~~~~~~

Parmi les innombrables bienfaits dont l'inépuisable bonté du Roi a comblé tous ses sujets, depuis l'heureuse époque de la restauration, celui du traité particulier conclu avec l'Espagne le 20 juillet 1814, relativement aux restitutions à faire, par cette Puissance, des biens appartenant à des Français, et celui du choix que S. M. a fait de ses agens diplomatiques à la cour de Madrid, pour y obtenir l'exécution dudit traité, sont deux de ces actes de bienfesance royale d'autant plus grands, que l'accomplissement de ce traité sauvera du désespoir et d'une ruine entière une foule de Français, qui, sans la paternelle sollicitude de notre bon Roi pour tous ses sujets indistinctement, auraient été à jamais victimes malheureuses des diverses circonstances qu'ils n'ont pu ni prévoir ni éviter, et que les savantes négociations des dignes agens politiques du meilleur des Rois ont déjà justifié le bon choix de S. M., en obtenant du cabinet de Madrid la main-levée immédiate des séquestres encore subsistans sur les propriétés des Français en Espagne, puisque par une circulaire de la Junte suprême de représaille espagnole, publiée à Madrid en février de la présente année 1818, il est annoncé officiellement, « *que S. M. C. le Roi*

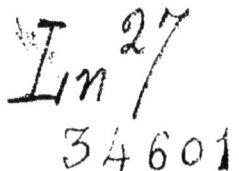

» FERDINAND VII, voulant l'accomplissement religieux
» des conditions stipulées dans ses traités avec la
» France, et particulièrement celui du 20 juillet 1814,
» relativement aux restitutions mentionnées dans l'article
» additionnel, S. M. avait rendu et rendait en consé-
» quence l'ordonnance suivante :

» 1.° Le séquestre général apposé sur les biens ap-
» partenant à des sujets Français, *de quelque nature
» que soient ces biens*, sera levé immédiatement.

» 2.° Ne sont en aucune manière comprises dans
» cette mesure les propriétés acquises sous le titre de
» *biens nationaux* pendant la domination du gouver-
» nement intrus, parce qu'en vertu de déclarations
» royales antérieures, tous les actes de cette époque
» ont été annullés, comme contraires aux lois du
» royaume, au droit sacré de la propriété, et aux droits
» légitimes et imprescriptibles de S. M.

» 3.° Les propriétaires français seront mis en posses-
» sion de leurs biens par les autorités compétentes ;
» les procès-verbaux de saisie, évaluation et restitution,
» seront clos et renvoyés à la Junte de représaille,
» qui en temps et lieu statuera sur les dédommagemens
» qu'auraient à réclamer les parties intéressées. »

Les réclamations que cet acte d'inépuisable bonté d'une part, et de bienveillance de l'autre, donnent tant de droit de faire à tous les Français qui ont des biens à réclamer en Espagne, viennent d'être encore nouvellement appuyées par les dernières négociations, terminées à Paris, en avril 1818, avec les puissances étrangères, puisque Son Exc. Mgr. le duc de Richelieu, président du conseil des ministres et secrétaire d'état au département des affaires étrangères, en rendant compte, par ordre du Roi, à la chambre des députés, dans la séance du 25 avril 1818, des négociations ultérieures qui venaient d'être heureusement terminées avec les puissances étrangères, relativement au paiement des dettes contractées en diverses époques envers les sujets des gouvernemens étrangers, Son Excellence a également communiqué à la chambre le paragraphe suivant relatif à l'Espagne :

« Par un arrangement particulier avec l'Espagne, un million de rente (au capital de 20 millions de francs) est spécialement affecté à ce qui est dû à cette puissance, en vertu de l'article additionnel du traité conclu avec elle en 1814; mais comme cet article est réciproque et applicable aux Français créanciers de l'Espagne, aussi bien qu'aux Espagnols créanciers de la France, il a été stipulé que les fonds destinés à acquitter cette portion de nos dettes resteraient en dépôt jusqu'au moment où le gouvernement espagnol *aurait fait droit*, d'après les bases et les principes posés dans le traité, *aux justes réclamations des Français.* »

D'après donc les principes posés dans le traité conclu avec l'Espagne en 1814, et l'arrangement particulier et définitif qui vient d'être conclu en avril 1818 avec cette puissance, tous les Français indistinctement ont actuellement le droit incontestable de pouvoir réclamer la restitution ou la remise des biens qu'ils peuvent avoir séquestrés ou détenus en Espagne, et ils ont conséquemment le double avantage d'avoir non-seulement leurs droits assurés par les susdits traités conclus entre les deux puissances, mais même encore celui bien précieux sans doute de pouvoir placer leurs justes réclamations sous l'égide et la protection immédiate de la légation française en Espagne, pour y faire aplanir au besoin toute espèce de difficulté que quelque cas particulier pourrait faire naître, et pour obtenir, à l'aide d'une aussi puissante intervention, l'entière exécution desdits traités en faveur de tous les sujets de S. M. qui auraient droit à en réclamer les bases et les principes.

Le sieur de Rancy se trouvant précisément dans un de ces cas particuliers, qui exige nécessairement une décision préalable de S. M. C. le Roi d'Espagne, pour obtenir la remise de ses biens, il aura besoin, plus que tout autre sans doute, de l'intervention immédiate des agens diplomatiques du Roi..... Il connaît à fond toute l'étendue de ses droits, mais il sent aussi toute sa faiblesse pour les faire valoir, sans appui, à la cour d'Espagne ; les biens ou les fonds qu'il a à y réclamer, lui appartiennent de plein droit et de toute justice..... Mais seul, sans appui, sans moyens, sans soutien !.... comment obtenir cette dernière de la cour de Madrid ?.... surtout dans une affaire où le fisc royal d'Espagne se trouvant intéressé lui-même, le gouvernement espagnol se trouve de fait juge et partie dans sa propre cause ?...... Aidé, protégé, dirigé et appuyé par la légation française à Madrid, il est évident que le sieur de Rancy pourra ravoir tous ses biens ; mais livré à lui seul, ou abandonné à ses seuls moyens et à ses seules forces, il est à craindre qu'il lui serait presqu'impossible d'en pouvoir rien retirer, faute de pouvoir même se faire entendre !.... C'est donc pour faire connaître tous ses droits aux agens diplomatiques de S. M., qui daigneront protéger ses justes réclamations à la cour de Madrid, que le sieur de Rancy va donner ici un précis des faits de toute son affaire ; sa cause est celle de tous les Français qui ont eu ou pourront avoir à l'avenir des relations d'intérêt ou de service avec le gouvernement espagnol, dont un décret, un arrêté, une décision ou une déclaration ministérielle, rendue au nom du Roi, devient souvent une loi suprême de l'état, sans autre base ni formalité que celle de la volonté du prince, ou de celle du ministre qui la rend en son nom....... C'est déjà dire, qu'indépendamment des lois positives qui régissent la monarchie espagnole, celles qui ne sont que particulières et qui ne sont trop souvent rendues ou modifiées que par les circonstances du jour ou la faveur du moment, ne sauraient être d'aucun poids dans cette affaire. La loi naturelle, cette loi qui est gravée dans tous les cœurs, qui est la même dans tous les climats ; cette loi qui fixe les bornes du juste et de l'injuste ; cette loi qui préside éminemment à toutes les transactions des hommes, et dont les lois écrites, pour être bonnes, ne doivent être que l'expression, est celle que le sieur de Rancy invoque avec confiance.

Étranger à l'Espagne, battu par le malheur, aux prises avec l'indigence, et proscrit même depuis un certain temps de cette terre hospitalière où les circonstances politiques de la France l'avaient précédemment forcé de chercher un refuge, et d'où de nouvelles circonstances politiques, survenues à l'Espagne, l'ont également forcé d'en sortir, pour rentrer de nouveau sur le sol qui l'a vu naître, tout autre que le sieur de Rancy serait effrayé d'une position qui doit lui être sous tant de rapports si fortement défavorable auprès du cabinet de Madrid. Mais toutes ces circonstances, qui décourageraient une ame commune, lui donnent au contraire une nouvelle confiance. Il sait qu'il a pour juge, dans l'auguste Roi d'Espagne, un prince aussi juste qu'éclairé, et connaissant à fond toute la loyauté de ses ministres actuels ; il est persuadé que sa qualité d'étranger et de malheureux est au contraire un titre assuré à leur bienveillance.

Le sieur de Rancy va donc faire succinctement le récit de son affaire ; les faits transmis par la parole peuvent s'effacer du souvenir ; fixés sur le papier, ils seront toujours présens aux yeux et à la pensée des agens diplomatiques du Roi à la cour de Madrid, afin de pouvoir les faire valoir, au besoin, auprès du gouvernement espagnol, pour obtenir qu'il fasse droit (d'après les traités conclus entre la France et l'Espagne) aux justes réclamations d'un Français, qui prend déjà l'engagement de ne rien avancer dont il ne puisse fournir les preuves par les pièces originales et authentiques dont il est porteur.

Le sieur de Rancy ayant passé en Espagne au commencement de la révolution, épousa à Madrid, en 1789, une demoiselle MILLER DE MÉRILLANT, née dans cette capitale, et fille unique d'un Allemand et d'une Française, qui lui apporta en dot, par contrat de mariage, d'abord une somme de 152 mille réaux de veillon en argent comptant, et ensuite un crédit sur les états de M. le DUC DE FRIAS, qui produisit, deux ans après, une somme liquide de 183 milles réaux de la même espèce.

La protection à la cour d'Espagne du sieur Miller (qui était alors attaché au service personnel de S. A. R. le Prince des Asturies, aujourd'hui FERDINAND VII, Roi d'Espagne), fit obtenir en 1792 au sieur de Rancy, son gendre, la place d'administrateur principal et trésorier des rentes provinciales de la ville de *Lierena*, et de tout son arrondissement dans la province d'*Estramadoura*.

Le sieur de Rancy servit cette place jusqu'à la fin de 1799, époque à laquelle elle fut supprimée en raison d'un nouveau système dans l'administration des finances royales d'Espagne, qui entraîna non-seulement sa réforme, mais qui contribua beaucoup encore à lui faire éprouver tous les malheurs qu'il a essuyés, et toutes les pertes qui en ont été la suite.

Forcé, à l'époque d'une liquidation générale dans la comptabilité de son administration, de couvrir un grand déficit (provenant évidemment de la gestion antérieure de son prédécesseur, et des malversations comprouvées de ses employés subalternes, mais dont cependant il était devenu par sa charge le seul responsable), le sieur de Rancy vendit en 1798, au marquis de la Ensenada, une de ses propriétés territoriales pour la somme de *un million cinq cent mille réaux de veillon*, qui était bien au-dessous de sa juste valeur, et il en versa, sans se plaindre, tout le produit dans les caisses du trésor royal, pour balancer et solder tous les comptes de son administration, avant même que le déficit en fût entièrement liquidé et connu.

En 1801, et conséquemment plus de trois ans après cette vente et ce versement, le marquis de la Ensenada, acquéreur de ce domaine (par des raisons de convenance à lui particulières et qu'il serait trop long de détailler ici), voulut revenir sur la vente solennelle qui lui en avait été faite, sous le prétexte supposé que cette terre ne contenait pas le nombre d'arpens ou *fanegas* énoncés dans le contrat de vente qui en avait été passé, et sous celui tout aussi faux, qu'il y avait eu *lésion* sur le prix qu'il l'avait payée. Ne pouvant rien se promettre des tribunaux de justice (parce qu'il savait fort bien que cette terre avait la contenance d'arpens stipulés dans le contrat de vente, et qu'elle valait réellement plus que ce qu'il l'avait payée) le marquis abandonna cette voie, qu'il avait déjà inutilement suivie;

et comme il était puissamment protégé par le *prince de la Paix*, qui disposait à son gré de tous les ministères, il s'adressa (pour obtenir du Roi un de ces décrets souverains qui décident de tout en Espagne), non au ministre de la justice (comme c'était au moins plus naturel pour solliciter une décision royale dans une affaire purement litigieuse et du ressort des tribunaux), mais au ministre des finances, *Don Miguel Cayetano Soler*, afin d'en obtenir une décision royale, qui annullât, d'autorité souveraine et sans autre forme de procès, ladite vente.

Comme c'est uniquement du résultat de la grâce surprise par cette voie à la religion et à la justice du Roi Charles IV, que le sieur de Rancy s'est trouvé depuis lors débiteur d'une forte somme envers le trésor royal, et que ce n'est que cette dette envers le fisc qui a motivé le séquestre mis sur tous ses biens, il sera bon de démontrer ici, non-seulement les fortes raisons qui décidèrent le marquis de la Ensenada à s'adresser de préférence au ministre des finances Soler, pour obtenir son injuste demande, mais même encore les incroyables moyens dont ce ministre se servit pour la lui faire accorder par le Roi comme *une grâce*, dès le moment qu'il ne lui resta plus aucun autre moyen ni prétexte pour la lui faire obtenir en justice.

Trois puissans motifs d'intérêt particulier engagèrent donc d'abord le marquis de la Ensenada de faire choix du ministre des finances *Don Miguel Cayetano Soler*, pour lui adresser, de préférence à tout autre, une de ces réclamations, qui par sa nature même de litigieuse entre deux parties, était essentiellement du ressort et dans les attributions du ministre secrétaire d'état au département des grâces et de la justice.

Le premier de ces motifs était que le ministre des finances Soler, étant de tous les ministres de S. M. le Roi Charles IV, le plus dévoué aux volontés du prince de la Paix, il était aussi celui qui aurait le plus d'égard à la recommandation de ce puissant favori en faveur dudit marquis.

Le second motif était, que lors même que le ministre

de la justice aurait accordé au marquis sa demande, d'annuller, par une décision royale, le contrat de vente que lui avait fait de sa terre le sieur de Rancy, ce ministre n'aurait jamais pu lui faire rembourser par le trésor royal, comme il le désirait, la somme de 1,500,000 réaux qu'il avait payée pour ce domaine, ce qu'au contraire le seigneur Soler pouvait facilement faire, comme ministre des finances.

Et le troisième motif enfin, était que le sieur *Don Francisco de la Pedrueza y Carransa*, chef de division du ministère des finances, devant par la nature de sa place être spécialement chargé de cette affaire, et devant épouser à cette même époque la nièce du marquis, qui lui avait promis en dot la valeur de cette même terre, il résultait que ce chef de division serait personnellement intéressé à la réussite d'une cause dont il était lui-même juge et partie, et dont le résultat a été effectivement de recevoir le prix de cette terre, en épousant la nièce du marquis.

Tous ces motifs étaient donc trop puissans, pour que le marquis de la Ensenada ne les mît pas à profit, pour obtenir du Roi, par la voie d'un ministère qui lui était si favorable sous tous les rapports, la décision royale qu'il sollicitait, et qu'il se promettait d'avance de faire rendre de suite en sa faveur, sans aucune autre raison que celles qu'il donnerait lui-même pour pouvoir l'obtenir.

Mais comme la première demande dudit marquis était principalement fondée sur ce que la terre que lui avait vendue le sieur de Rancy ne contenait pas le nombre d'arpens ou de *fanegas* énoncés dans le contrat de vente, le ministre Soler crut devoir acquérir d'abord la preuve légale de ce fait, pour pouvoir plus librement, et avec moins d'apparence d'une décision arbitraire, lui accorder sa demande ; et il expédia en conséquence, en date du 13 avril 1801, un ordre royal à l'intendant général de la province d'Estramadoura, lui ordonnant, au nom du Roi, « de faire arpenter judiciairement ladite terre
» par trois arpenteurs jurés et assermentés, dont l'un
» serait nommé d'office, et au nom du fisc, par ledit

» intendant, l'autre par le marquis de la Ensenada, et le
» troisième par le sieur de Rancy, et d'adresser au ministère
» des finances (immédiatement après cette opération) les
» déclarations que feraient, sous serment, lesdits arpen-
» teurs du nombre exact de *fanegas* que contenait réelle-
» ment ce domaine, pour que S. M. pût prendre sur cette
» affaire la résolution qui serait de sa volonté suprême. »

Cette première décision royale, ou pour mieux dire cette juste disposition ministérielle était d'autant plus rassurante pour le sieur DE RANCY, qu'ayant précédemment sollicité en 1797 un privilége royal pour faire de cette même terre ce qu'on appelle en espagnol une *déhésa*, dont le pâturage, la chasse et la pêche sont privatifs à perpétuité au propriétaire ; et n'ayant pu obtenir ce privilége du Roi, que sous la condition de payer au fisc royal (comme c'est d'usage en Espagne) le droit d'un *ducat* par chaque *fanega* de terrain que contiendrait ce domaine, il fallut nécessairement en connaître alors la contenance. Or, comme l'arpenteur royal, qui fut nommé d'office par le conseil suprême de Castille pour en faire l'arpentage, déclara, sous serment, qu'il contenait 2630 *fanegas*, pour lesquelles le sieur de Rancy paya effectivement au trésor royal 2630 *ducats* de droits, il était on ne peut pas plus satisfesant pour ledit sieur de Rancy, de pouvoir démontrer, par la nouvelle mesure d'arpentage qui allait se faire dudit domaine, que le même nombre seulement de 2630 *fanegas*, mentionné dans le contrat de vente, y avait été justement et légalement énoncé, d'après la déclaration jurée qu'en avait faite l'arpenteur royal, nommé d'office par le conseil de Castille, et que conséquemment le marquis était très-mal fondé, ou pour mieux dire très-maladroit d'avoir pris pour prétexte le manque de *fanegas* de terrain que contenait ce domaine, pour obtenir du Roi, comme il le sollicitait, la nullité de la vente que le sieur de Rancy lui en avait faite.

Cette nouvelle opération d'arpentage s'étant donc exécutée, d'après l'ordre royal précité du 13 avril 1801, il en résulta (par le procès-verbal qui en fut dressé judiciairement le 23 juin de la même année 1801) que ce domaine contenait (d'après la déclaration unanime des trois arpenteurs assermentés) 12,678,978 *varas* carrées de superficie, sans compter les routes, les chemins et les ruisseaux qui traversent en tout sens ledit domaine, et sans compter en outre quelques autres petites parties de terrain inondé qui n'avaient pas été mesurées.

Ces 12,678,978 *varas* carrées de superficie de terrain furent donc trouvées dans ce domaine, d'après les mesures et l'accord unanime des trois arpenteurs, dont deux desquels (celui nommé d'office par l'intendant et celui nommé par le sieur de Rancy) réduisirent en majorité ce nombre de *varas* à 2587 *fanegas* et demi, plus 228 *varas*, ce qui égalait (à moins de 42 *fanegas* et demi près) les 2630 *fanegas* énoncées dans le contrat de vente, en observant au reste que même les 42 *fanegas* et demi qui paraissaient manquer, n'étaient proprement dit que l'étendue du terrain inondé, des routes, des chemins et des ruisseaux qu'on n'avait pas mesurés, et qui l'avaient soigneusement été lors du premier arpentage.

Cette unanime conformité des deux arpenteurs géomètres assermentés sur les trois qui avaient été nommés, jointe à celle de l'arpenteur royal qui avait précédemment mesuré cette terre, formait une majorité de trois déclarations unanimes contre la seule de l'arpenteur nommé par le marquis de la Ensenada, qui (soit par considération pour le marquis, soit pour avoir été suborné par ses agens, ou soit par ignorance d'un art qu'il ne connaissait pas, puisqu'il n'était que tisserand de son métier) réduisit, par un calcul en l'air et purement idéal, les susdites 12,678,978 *varas* carrées de terrain à 1760 *fanegas* et demi seulement, réduction qui, indépendamment de l'absurdité de ses calculs, ne pouvait être certainement d'aucun poids en faveur du marquis, puisqu'elle était entièrement détruite par l'unanimité et la majorité des trois réductions faites par des hommes de l'art en faveur du sieur de Rancy.

Mais à quoi servent toutes les bonnes raisons et tout le meilleur droit possible, lorsque les personnes de qui nous dépendons, et qui doivent nous juger, sont intéressées à ce que ayons tort ? Eh ! que ne peut pas produire de merveilleux et d'inconcevable, dans une affaire litigieuse, l'influence d'un homme en place qui se trouve juge et partie dans sa propre cause ! En voici certainement une bien triste preuve. Le procès-verbal de ce nouvel arpentage, cette pièce de conviction qui fut adressée au ministère des finances, et qui prouvait d'une manière si authentique combien la demande du marquis de la Ensenada était mal fondée, fut sans doute si fortement tergiversée et dénaturalisée par le rapport que dut en faire le chef de division *Don Francisco de la Pedrueza*, que le marquis (toujours puissamment protégé par le prince de la Paix) obtint, contre toute attente, une décision royale d'autant plus inconcevable, que l'ordre royal émané du même ministère des finances, en date du 3 décembre 1801, portait :

« Que l'opération d'arpentage du domaine vendu par
» le sieur de Rancy au marquis de la Ensenada, ayant
» prouvé combien ledit marquis avait été trompé, le
» Roi avait daigné déclarer que le *dol* qui avait eu
» lieu dans cette vente se trouvait suffisamment justifié,
» et que par conséquent l'acte du contrat de vente, qui
» en avait été passé le 18 novembre 1798, devenant
» nul et sans aucune valeur ni effet, S. M. avait or-
» donné et ordonnait que le trésor royal payât de suite
» au marquis la somme de *un million cinq cent mille*
» *réaux de veillon*, que le sieur de Rancy y avait
» précédemment versé pour solder ses comptes, et qu'il
» avait reçu (pour prix de son domaine) dudit marquis,
» à qui S. M. daignait accorder cette *grâce* en considé-
» ration des éminens services rendus à l'état par le premier
» marquis de la Ensenada, afin d'éviter à son arrière-
» neveu, le marquis actuel, les longueurs d'un procès
» ordinaire, qu'il devait nécessairement gagner devant
» les tribunaux de justice ;

» Qu'en conséquence, S. M. ordonnait que ce même
» domaine serait de suite mis sous le séquestre du fisc,
» pour être vendu à l'enchère d'après le nombre de
» *fanegas* cité par la mesure particulière qu'en avait
» fait l'arpenteur nommé par ledit marquis de la Ense-
» nada, et que tous les autres biens en général du sieur

» de Rancy seraient également mis sous le même sé-
» questre et vendus à l'enchère, jusqu'à la concurrence
» de l'entier remboursement au trésor royal du million
» cinq cent mille réaux rendus au marquis de la En-
» senada, et de la somme que ledit sieur de Rancy
» pourrait encore devoir au trésor royal, d'après l'exa-
» men rigoureux que le tribunal de la chambre des
» comptes devait nouvellement faire de toute sa comp-
» tabilité. »

Atterré par une décision souveraine, si évidemment surprise à la religion du Roi, contre les propres intérêts du fisc royal et contre tous les droits de la justice, ne pouvant se persuader que S. M. voulût (comme on le lui fesait dire dans l'ordre royal précité) accorder une grâce particulière au marquis, dans une affaire purement litigieuse entre deux parties, ni encore moins condamner un simple particulier à récompenser à ses frais les services rendus à l'état par le premier marquis de la Ensenada, le sieur de Rancy, dans la chaleur d'un premier moment, osa se permettre d'irriter entièrement contre lui le ministre des finances Soler, en appelant de cette décision souveraine au conseil royal des finances. Mais ce tribunal suprême, tout en déclarant n'avoir pas droit de pouvoir juger une affaire dont le Roi avait déjà pris connaissance, se contenta, ou pour mieux dire, se borna de représenter à S. M., en date du 18 février 1802, et par la voie du même ministère des finances :

« Que le conseil trouvait dans le pourvu du sieur
» de Rancy quelques indications, qui inclinaient à
» former une idée du grave préjudice que pourrait
» éprouver le trésor royal, en l'assujettissant de payer
» au marquis de la Ensenada un million cinq cent mille
» réaux, en conséquence de la nullité du contrat de
» vente de la terre dont il était question; car, quoique
» ce paiement était avec la réserve de devoir faire
» rembourser le trésor avec le produit de la nouvelle
» vente à faire à l'enchère du même domaine et de tous les
» autres biens séquestrés au sieur de Rancy, on apercevait
» malgré cela, au premier coup-d'œil, les graves préjudices

« qui pourraient en résulter au trésor royal, par les
» lenteurs et le risque éminent de ce recouvrement,
» devant observer en outre que la différence de 42 *fa-*
» *negas* et demi de terrain, trouvées de moins dans le
» dernier arpentage, ne pouvant pas par ce seul fait
» produire légalement la nullité du contrat de vente de
» cette terre, le conseil croyait de son devoir de sou-
» mettre à la haute considération du Roi toutes ces
» indications, afin que S. M. pût prévenir à temps
» les dangers auxquels s'exposeraient probablement le
» trésor, si la décision royale du 3 décembre 1801
» n'était pas modifiée. »

Cette sage démarche du conseil royal des finances ne produisit cependant aucun autre résultat que celui d'une réponse que fit le ministre des finances *Soler* au président du conseil, pour lui annoncer aussi simplement que sèchement, « qu'il avait fait part au Roi de ladite
» représentation du conseil, et que S. M. en était com-
» plètement instruite » ; ce qui était dire en propres termes au président, que le conseil s'abstînt à l'avenir de se mêler d'une affaire dont l'autorité souveraine du Roi avait déjà pris connaissance et était parfaitement instruite.

D'après donc le susdit ordre royal du 3 décembre 1801, le marquis de la Ensenada fut de suite payé, par le trésor royal, de la somme d'*un million cinq cent mille réaux de veillon*, qui lui furent remis par le trésorier général en *vales royaux*, dont il se contenta ; et l'ordre fut donné à l'intendant général de la province d'*Estramadoura* de mettre en vente, à l'enchère, ledit domaine, ainsi que tous les autres biens séquestrés du sieur de Rancy, jusqu'à la concurrence du remboursement au trésor royal du susdit *million cinq cent mille réaux*, payés pour son compte au marquis, et de la somme totale du déficit qui pourrait avoir lieu dans sa comptabilité, d'après le nouvel examen que devait en faire le tribunal de la chambre des comptes.

Pour faire vendre à l'enchère le domaine (dont la première vente au marquis avait été annullée), il fallait préalablement le faire estimer par des experts nommés d'office qui en fixassent la valeur. Cette opération, aussi nécessaire qu'indispensable, produisit un nouvel incident, qui devait d'autant plus embarrasser le ministre des finances Soler, qu'il prouvait avec la dernière évidence combien le sieur de Rancy avait été injustement jugé et traité dans cette affaire.

L'ordre royal du 3 décembre 1801 portait (comme on l'a vu) que le domaine précité serait vendu comme contenant seulement 1760 *fanegas* et demi de terres, d'après la déclaration particulière et unique de l'arpenteur nommé par le marquis de la Ensenada, et malgré que les deux autres arpenteurs géomètres (l'un nommé d'office par le gouvernement et l'autre par le sieur de Rancy) avaient porté unanimement ce nombre réel de *fanegas* à 2987 et demi. Il fallait donc que les experts nommés pour évaluer et estimer ce domaine, en fixassent la valeur par *fanegas*, et que leur nombre n'excédât pas celui des 1760 et demi qui avait été fixé. Cette méthode devait donc nécessairement diminuer infiniment la valeur réelle dudit domaine, comme le désirait le ministre Soler, pour prouver la lésion qu'avait souffert le marquis de la Ensenada ; mais cependant, malgré cet inique moyen, cette valeur, ainsi diminuée, excéda de beaucoup encore le prix que le marquis l'avait payé, puisque les experts nommés d'office par le fisc royal, l'évaluèrent et l'estimèrent (par la déclaration jurée qu'ils en firent le 9 juin 1802) à la somme de 1,807,175 réaux de veillon, en vente, en argent sonnant et comptant, c'est-à-dire, qu'en ne lui supposant même que les 1760 *fanegas* et demi de terrain de contenance, ce domaine valait encore 307,175 réaux de plus que le marquis l'avait payé.

Ce nouvel incident qui prouvait si clairement combien le sieur de Rancy avait été maltraité sans raison dans toute cette affaire, l'enhardit à réclamer avec une preuve aussi forte de sa justice, un nouvel ordre du Roi pour forcer le marquis à reprendre ce domaine ; mais ce dernier était trop puissamment protégé par le prince de la Paix auprès du ministre des finances Soler, pour qu'il fût possible d'obtenir cette justice ; et l'ordre royal qui fut expédié à ce sujet par le même ministère, portait simplement : « que puisque le marquis de la Ensenada » ne voulait pas reprendre le domaine précité pour le » prix de sa dernière estimation judiciaire, S. M. con- » firmait la grâce qu'elle lui avait accordée, et ordon- » nait en conséquence que la décision royale du 3 dé- » cembre 1801 eût sa pleine et entière exécution. »

Dans une aussi cruelle situation, le sieur de Rancy craignant que si tous ses biens étaient vendus précipitamment à l'enchère, ils couraient les risques d'être adjugés au plus fort et dernier enchérisseur pour moins du quart peut-être de leur valeur réelle, et que cette expropriation forcée, en opérant sa ruine entière, ne couvrirait même pas toute sa dette envers le trésor royal ; connaissant que tout son mal provenait de la faveur dont jouissait le marquis de la Ensenada, il se décida à abandonner entièrement toute nouvelle lutte avec ce dernier, et en se conformant aux diverses dispositions royales qui avaient si fortement favorisé ledit marquis, le sieur de Rancy se borna à solliciter du Roi, par le même ministère des finances, la grâce, si compatible avec la justice, de lui accorder quatre ans de terme, pour payer au trésor tout ce qu'il pouvait lui devoir, en offrant de donner de bonnes et valables cautions au gouvernement pour la sûreté de ce paiement.

Ce fut précisément vers cette même époque que le tribunal de la chambre des comptes produisit au ministère des finances la nouvelle liquidation générale et finale de tout ce que devait au trésor ledit sieur de Rancy, liquidation qui, quoique faite sans sa participation, et conséquemment très-défavorable à ses intérêts, fut cependant irrévocablement fixée de la manière suivante :

	réaux.	marav.
Pour le déficit direct résultant de ses comptes de caisse.	163,362	14 2/3
Pour celui qui résulte dans les comptes de la *Déhésa de l'Ensinal*, dont il est responsable. . . .	21,401	21 "
Pour les frais de l'examen de ses comptes. . . .	30,000	" "
Pour autant payé au marquis de la Ensenada, et qu'il doit rembourser au trésor.	1,500,000	" "
Total général.	1,714,764	1 2/3

Comme il n'était plus question du marquis de la Ensenada, le sieur de Rancy obtint sans difficulté sa dernière demande, et ayant pris en conséquence des arrangemens particuliers avec deux riches propriétaires de Madrid, qui s'engageaient à payer pour lui au trésor royal, et en quatre ans de terme, la susdite somme de 1,714,764 réaux 1 maravedis deux tiers de sa dette liquidée. Un ordre royal du 25 juin 1803, émané du même ministère des finances, ordonna la levée du séquestre de tous les biens du sieur de Rancy, pour qu'ils fussent remis en nantissement aux deux susdites cautions, pour la sûreté du remboursement des sommes qu'ils devaient payer au trésor royal pour le compte dudit sieur de Rancy, et que ce dernier, en vertu de cet arrangement, jouirait à l'avenir du traitement de réforme de 15 mille réaux de veillon qui lui étaient alloués, et dont il avait été privé depuis l'époque du séquestre de ses biens.

Les deux particuliers qui s'étaient constitués cautions du sieur de Rancy, au lieu de tâcher de vendre de gré à gré, et à un prix convenable, d'abord le domaine précédemment vendu au marquis, et ensuite, au besoin, quelques-unes des autres propriétés qu'ils avaient reçues en nantissement, afin d'effectuer le paiement au trésor royal de ce qui lui était dû aux époques convenues, ne pensèrent au contraire qu'à jouir tranquillement du produit de la totalité de ces biens ; et les quatre années de terme étant plus que passées sans qu'ils eussent payé une obole au trésor royal, le ministère des finances expédia de nouveau un ordre royal, en date du 23 février 1808, prévenant « que S. M. avait ordonné et
» ordonnait que tous les biens du sieur de Rancy se-
» raient de nouveau séquestrés par le fisc et mis en
» vente à l'enchère, jusqu'à concurrence de la somme
» liquide de 1,714,764 réaux 1 maravedis deux tiers,
» qu'il devait au trésor royal, et qu'il lui serait égale-
» ment retiré le traitement de réforme de 15 mille
» réaux, qu'on ne lui avait accordé que sous la con-
» dition que ses cautions paieraient le total montant de
» sa dette, et dont ils n'avaient rien payé aux termes
» couvenus. »   Privé

Privé de tout moyen de défense contre l'autorité suprême du Roi, que le ministre des finances Soler avait arbitrairement substitué à la place du marquis, qui aurait dû au contraire être forcé en justice de reprendre son domaine pour le prix au moins de sa dernière estimation judiciaire, qui couvrait, et bien au-delà, le total montant de tout ce qui était dû au trésor royal ; privé de la jouissance et de l'usage de sa fortune, et même du traitement de réforme qu'on lui avait retiré ; ne tenant plus au gouvernement espagnol par aucun emploi ni traitement, et rentré conséquemment, de droit et de fait, dans sa primitive qualité de particulier français, le sieur de Rancy se disposait à passer à Madrid pour en faire valoir le titre, et y réclamer, en sa qualité d'étranger, que cette affaire fût jugée par les tribunaux de justice compétens, lorsque les grands événemens qui eurent lieu précisément à cette même époque, et qui décidèrent le Roi Charles IV d'abdiquer, le 19 mais 1808, la couronne en faveur de son fils Ferdinand VII, firent renaître l'espoir dans son cœur, parce que ces mêmes événemens ayant entraîné la chute du prince de la Paix, et celle conséquemment du ministre Soler (qui était si fort en exécration de toute la nation espagnole, que son hôtel à Madrid fut dévasté et saccagé le même jour par le peuple), le sieur de Rancy pouvait dès ce moment se promettre de pouvoir obtenir enfin toute la justice qui lui était due, sous le règne d'un jeune monarque aussi éclairé et aussi juste que généralement chéri et adoré de tous ses sujets.

L'époque était d'autant plus favorable, que les biens du sieur de Rancy venant tout récemment d'être retirés (par l'ordre royal précité du 23 février 1808) des mains des deux particuliers qui s'étaient engagés de payer dans le terme de quatre ans le montant de sa dette, et qui n'ayant pas rempli cet engagement expressément conditionnel, n'avaient plus aucun droit à ces biens, ces derniers étaient redevenus de plein droit les propriétés réelles dudit sieur de Rancy, puisqu'elles furent comme telles remises sous le séquestre du fisc, et mises en vente à l'enchère, jusqu'à concurrence de la somme liquide de 1,714,764 réaux 1 maravedis deux tiers, qui était due au trésor royal ; et il était conséquemment, non-seulement absurde, mais même impossible de pouvoir s'imaginer que sous le règne du jeune monarque qui venait de monter sur le trône, dont avait voulu l'éloigner la perfide ambition du prince de la Paix, et sous le nouveau ministère dont S. M. s'était entourée, le sieur de Rancy eût pu être condamné (uniquement pour complaire audit prince de la Paix) à récompenser à ses dépens (lui simple particulier) les prétendus services que le premier marquis de la Ensenada avait rendus à l'Espagne, comme ministre d'état, sous les règnes de Ferdinand VI et Charles III ; et il était au contraire beaucoup plus naturel de croire que si S. M. le nouveau Roi Ferdinand VII voulait continuer à favoriser, pour la même cause, le marquis actuel, au point de ne pas le forcer à reprendre sa terre et à rembourser au trésor royal la somme qu'il en avait reçue par une décision arbitraire ; ou si S. M. ne croyait pas de sa dignité royale de devoir revenir sur la grâce accordée par le Roi, son auguste père, audit marquis de la Ensenada, il était presque assuré que ce souverain, juste et bienfesant, déciderait au moins (par un effet de sa justice distributive) que cette même terre, ci-devant vendue audit marquis, fût définitivement adjugée et réunie aux biens de la couronne, pour le prix de sa dernière estimation judiciaire ; et que moyennant cette adjudication (qui couvrait, et bien au-delà, le million et demi de réaux de veillon payé par le trésor royal au marquis, et tout le déficit de ses comptes de caisse), tous les autres biens séquestrés audit sieur de Rancy lui fussent rendus.

Tout portant donc à croire que le sieur de Rancy obtiendrait du nouveau Roi une aussi éclatante justice, il passa de suite à Madrid pour la réclamer de sa bonté royale. Mais il n'y arriva que le 10 avril 1808, jour précisément où S. M. partait avec confiance de sa capitale pour aller au-devant de l'ex-empereur Napoléon, qui abusa si cruellement de la bonne foi de ce jeune souverain.

Les événemens qui se succédèrent par suite de la perfide détention à Bayonne du Roi Ferdinand VII, et la position fâcheuse dans laquelle se trouvait à Madrid le sieur de Rancy, sans la jouissance de ses biens et sans place, ni traitement même de réforme, le forcèrent non-seulement à suspendre ses réclamations projetées auprès du Roi Ferdinand, mais même encore à solliciter du service dans l'administration militaire de l'armée française ; et par suite de celui qu'il y obtint, la Navarre espagnole ayant été peu après érigée en gouvernement français, sous la dénomination de troisième gouvernement militaire, il y fut nommé directeur général des contributions, à la résidence de Pampelune, et servit cette place jusqu'en juin 1813, que les événemens de la guerre qui survinrent à cette époque décidèrent l'armée française d'évacuer l'Espagne, et le forcèrent d'en sortir avec elle.

Rentré en France, sans appui et sans moyens, le sieur de Rancy fut d'abord admis dans le dépôt des réfugiés espagnols établi à Montauban, où, comme employé supérieur dans l'administration financière, il fut (quoique non militaire) assimilé, pour le traitement seulement, au grade de lieutenant colonel ; mais le gouvernement ayant décidé depuis que tous les étrangers à l'Espagne cesseraient d'en faire partie, à compter du 1.er mai 1817, il fut dès ce même jour, *comme français*, rayé des contrôles dudit dépôt, et privé des secours que la France (généreuse même dans sa détresse) n'a pas hésité d'accorder aux espagnols réfugiés, qui, par ces secours, ont au moins joui et jouissent encore des moyens de prolonger leur déplorable existence, au lieu que le sieur de Rancy, *comme français*, aurait indubitablement péri dans la plus affreuse misère sur le sol même d'une terre hospitalière qui l'a vu naître, s'il n'avait pas eu le bonheur de se procurer à Toulouse, où il vint fixer sa résidence, la place de secrétaire de la direction de la Fonderie royale d'artillerie de cette ville, qui est aujourd'hui son unique ressource pour pouvoir vivre en France, quoique toujours propriétaire légitime d'une fortune assez considérable en Espagne.

Aujourd'hui cependant que la sollicitude paternelle de S. M. le Roi de France envers tous ses sujets a stipulé, dans ses derniers traités avec le Roi d'Espagne, que tous les biens séquestrés appartenant à des Français en Espagne leur seraient rendus, la réclamation que le sieur de Rancy se proposait de faire au Roi Ferdinand VII en 1808, à l'époque de son avènement au trône, quoique infiniment juste (d'après les causes qui avaient produit ou motivé sa dette envers le trésor royal), pourrait pourtant, en la reproduisant encore dans la même forme, éprouver beaucoup de difficultés de la part du cabinet de Madrid, peu porté sans doute, dans ce moment, à adjuger des biens territoriaux à la couronne, en paiement de ce qui peut être dû au trésor royal. Mais à présent que des grands changemens sont survenus, il y a quelques mois seulement, dans la position des biens séquestrés du sieur de Rancy, il est certain que cette nouvelle circonstance, en changeant nécessairement la nature de ses réclamations, les rend aussi beaucoup plus simples, plus rigoureusement justes, plus strictement placées dans l'ordre des traités conclus, et conséquemment infiniment plus faciles d'obtenir, comme le simple énoncé des faits va le démontrer jusqu'à la dernière évidence.

La totalité des propriétés séquestrées au sieur de Rancy, dès l'an 1801, par le ministère des finances d'Espagne, furent mises définitivement en vente à l'enchère (par ordre royal du 23 février 1808), jusqu'à concurrence seulement de la somme liquidée de *un million sept cent quatorze mille sept cent soixante-quatre réaux de veillon un maravedis et deux tiers* du total montant de toute sa dette envers le trésor royal.

Les événemens politiques qui survinrent en Espagne, dès le mois de mars suivant de la même année 1808, n'ayant pas permis de pouvoir exécuter cette vente par faute de concurrens à l'enchère, tous ces biens restèrent en nantissement à l'administration des finances royales, qui en conserva la jouissance et en recueillit tous les produits jusqu'en 1815, que S. M. le Roi actuel Ferdinand VII ordonna de les agréger au nouvel établissement du crédit public (*caisse d'amortissement*), qui en a également joui et recueilli tous les produits jusqu'à la fin de l'année dernière 1817 ; qu'en exécution du susdit ordre royal, du 23 février 1808, ils ont été enfin vendus en blot à l'enchère, et adjugés à un M. Don Manuel Villarroel, négociant da Badajoz, pour la somme de *trois millions trois cent mille réaux de veillon* (879,450 f. à raison de 5 f. 33 c. la piastre forte), qui ont été versés *en crédits et vales royaux* dans les caisses dudit établissement du crédit public.

Sans faire aucune mention des sommes immenses qu'a dû produire à l'administration des finances royales d'Espagne la totalité de ces biens, pendant tant d'années qu'ils ont été sous le séquestre, il est clair qu'ayant été vendus uniquement pour payer la dette liquidée du sieur de Rancy envers le trésor royal,

	réaux.	marav.
montant à la somme de	1,714,764	1 2/3
Et qu'ayant été adjugés en blot et à l'enchère, au sieur Villarroel, pour le prix de.	3,300,000	» »
Il résulte évidemment un surplus ou résidu en faveur du sieur de Rancy, de	1,585,235	31 2/3

C'est-à-dire, que le produit de la vente de tous les biens séquestrés dudit sieur de Rancy, excède le total montant de sa dette liquidée envers le trésor royal de la susdite somme de *un million cinq cent quatre-vingt-cinq mille deux cent trente-cinq réaux trente-deux maravedis et un tiers* (422,465 fr.), qui lui appartenant de plein droit et de toute justice, doivent lui être actuellement rendus par le gouvernement espagnol dans la même espèce au moins de papier-monnaie de *crédits et vales royaux* que sesdits biens vendus ont été payés par l'acquéreur à qui ils ont été adjugés ; et c'est uniquement à ce dont le sieur de Rancy veut borner présentement, *comme Français*, toutes ses réclamations, en exécution des traités conclus entre la France et l'Espagne, relativement aux restitutions des biens à faire réciproquement aux sujets des deux états.

Il est certain que si les biens du sieur de Rancy n'eussent pas été tout récemment vendus, leur totalité se trouverait toujours légalement sous le séquestre du fisc royal d'Espagne, jusqu'au remboursement complet de la somme dont il était débiteur envers le trésor royal; car quelle qu'ait été la cause qui eût pu produire sa dette, elle n'en était pas moins réelle; et dans ce cas, l'article additionnel du traité conclu en 1814 ne pouvant pas lui être applicable, il ne pouvait guère solliciter que comme *grâce particulière* de S. M. C. le Roi d'Espagne, l'adjudication à la couronne du domaine vendu au marquis de la Ensenada pour l'acquit de sa dette; et ce n'aurait jamais été que par suite de cette GRACE, que la remise de ses autres biens séquestrés aurait pu devenir une JUSTICE. Mais aujourd'hui que le produit qu'a reçu le fisc de la vente de tous ses biens, a fait que le trésor s'est nonseulement remboursé de toute sa créance, mais qu'il a reçu encore en sus un excédant ou résidu considérable, et que de DÉBITEUR qu'était le sieur de Rancy du trésor royal d'Espagne, il en est devenu au contraire le CRÉANCIER de la somme de 1,585,235 réaux 32 maravedis 1/3 (422,465 fr.), il résulte que cette somme lui revenant de plein droit, et étant pour lui une propriété réelle, la juste réclamation qu'il a droit d'en faire actuellement, comme français, est d'autant plus fondée, que le traité conclu en 1814, relativement aux restitutions mentionnées dans l'article additionnel, lui est entièrement applicable.

La religion et la justice connue de S. M. C. le Roi d'Espagne, l'intégrité et la probité qui caractérisent si éminemment tous les actes de l'administration de ses ministres actuels, et la bienveillante protection de S. Exc. l'ambassadeur de S. M. T. C. à la cour de Madrid, font espérer au sieur de Rancy d'obtenir du gouvernement espagnol la remise qui lui est si justement due du reste d'une fortune dont il doit encore la conservation à la sollicitude paternelle de notre bon Roi pour tous ses sujets indistinctement, et au zèle et à la protection de ses dignes agens diplomatiques à la cour d'Espagne, dont le sieur de Rancy a l'honneur de réclamer, avec respect, tous les bons offices. DE RANCY.

A Toulouse, chez BENICHET cadet, Imprimeur-Libraire.

www.ingramcontent.com/pod-product-compliance
Lightning Source LLC
Chambersburg PA
CBHW060606050426
42451CB00011B/2115